Let's learn the letter **A a** with
Aprendamos la letra **A a** con

la llama Rosita

A a

A a = ah

Abeja

Colorea las letras A a

A	c	ch	x
B	g	a	f
Z	a	i	u
A	ll	m	a

Color each picture whose name begins with **a**
Colorea el dibujo que empieza con la letra **a**

avión

gorra

árbol

araña

Trace each letter and word - Repasa cada letra y palabra

A   A   A   A   A

a   a   a   a   a

abeja   abeja   abeja   abeja   abeja

1

 Let's learn the letter **B b** with
Aprendamos la letra **B b** con

B b = bay

Bote

Colorea las letras B b

Color each picture whose name begins with **b**
Colorea el dibujo que empieza con la letra **b**

| barco | bate | anillo | bola |

Trace each letter and word - Repasa cada letra y palabra

B
b
bote

2

 Let's learn the letter C c with
Aprendamos la letra C c con

C c = sãy

Casa

Colorea las letras C c

Color each picture whose name begins with c
Colorea el dibujo que empieza con la letra c

 gato
 carro
 coco
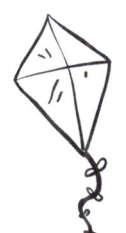 cometa

 Trace each letter and word - Repasa cada letra y palabra

C

c

casa

3

 Let's learn the letter **CH ch** with
Aprendamos la letra **CH ch** con

CH ch

CH ch = chay

Chile

Colorea las letras CH ch

(s)(ch)(o)(d)
(CH)(l)(c)(h)
(Z)(a)(i)(CH)
(L)(s)(ch)(f)

Color each picture whose name begins with **ch**
Colorea el dibujo que empieza con la letra **ch**

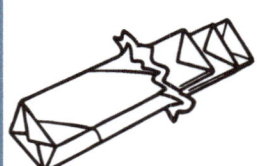   

chicle   chaleco   chocolate   cama

 Trace each letter and word - Repasa cada letra y palabra

CH   CH   CH   CH   CH
ch   ch   ch   ch   ch
chile   chile   chile   chile   chile

4

 Let's learn the letter **D d** with
Aprendamos la letra **D d** con

D d

D d = day

Dado

Colorea las letras D d

 Color each picture whose name begins with **d**
Colorea el dibujo que empieza con la letra **d**

 dos    dinero    helado    dedo

 Trace each letter and word - Repasa cada letra y palabra

D   D   D   D   D

d   d   d   d   d

dado   dado   dado   dado   dado

 Let's learn the letter E e with
Aprendamos la letra E e con

E e = ay

Elefante

Colorea las letras E e

K	C	e	R
i	E	D	h
E	T	i	n
H	s	e	V

Color each picture whose name begins with e
Colorea el dibujo que empieza con la letra e

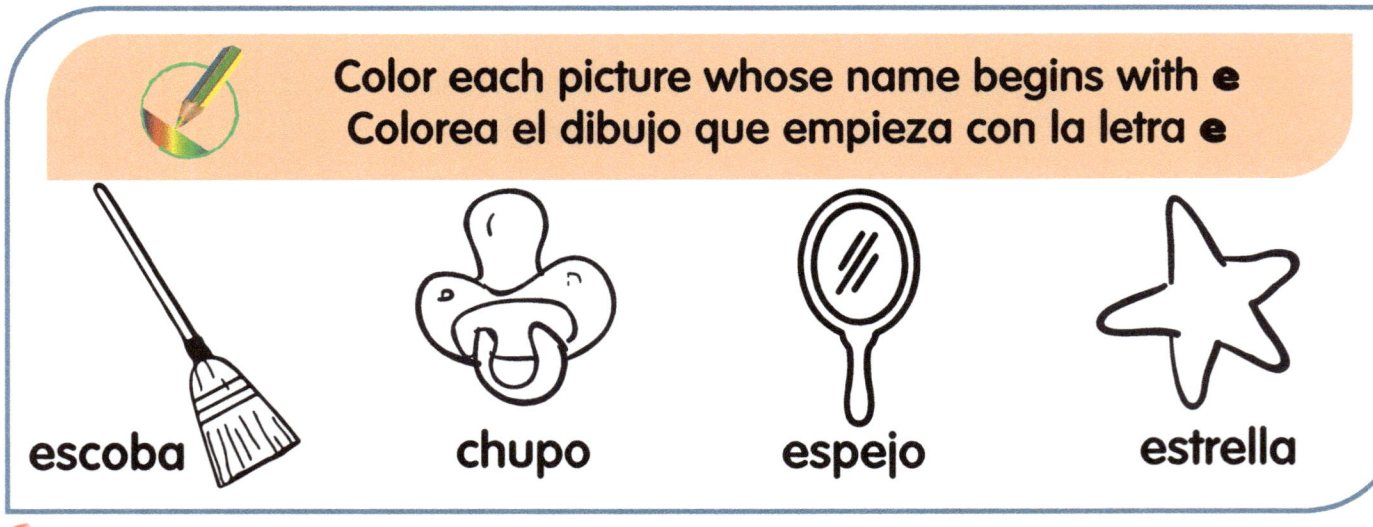

escoba — chupo — espejo — estrella

Trace each letter and word - Repasa cada letra y palabra

E   E   E   E   E
e   e   e   e   e
elefante   elefante   elefante   elefante

 Let's learn the letter **F f** with
Aprendamos la letra **F f** con

F f = ãy-fay
Foca

Colorea las letras **F f**

f	G	e	m
j	A	f	s
F	d	o	n
P	f	e	F

 Color each picture whose name begins with **f**
Colorea el dibujo que empieza con la letra **f**

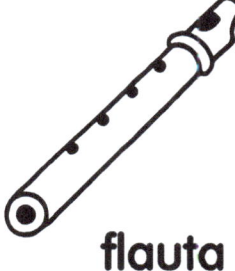         

flauta   fresa   flor   cubo

 Trace each letter and word - Repasa cada letra y palabra

F   F   F   F   F

f   f   f   f   f

foca   foca   foca   foca   foca

7

 Let's learn the letter **G g** with
Aprendamos la letra **G g** con

G g = hãy

Gato

Colorea las letras G g

A	G	e	q
¡	A	g	s
F	d	o	g
G	n	e	F

 Color each picture whose name begins with **g**
Colorea el dibujo que empieza con la letra **g**

guante — caja — gorro — guitarra

 Trace each letter and word - Repasa cada letra y palabra

G   G   G   G   G

g   g   g   g   g

gato   gato   gato   gato   gato

8

Let's learn the letter **H h** with
Aprendamos la letra **H h** con

H h = ãh-chay

Hada

Colorea las letras H h

Color each picture whose name begins with **h**
Colorea el dibujo que empieza con la letra **h**

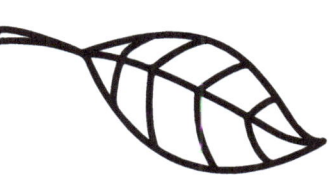
hoja

hipopótamo

helado

lápiz

 Trace each letter and word - Repasa cada letra y palabra

H   H   H   H   H

h   h   h   h   h

hada   hada   hada   hada   hada

 Let's learn the letter I i with
Aprendamos la letra I i con

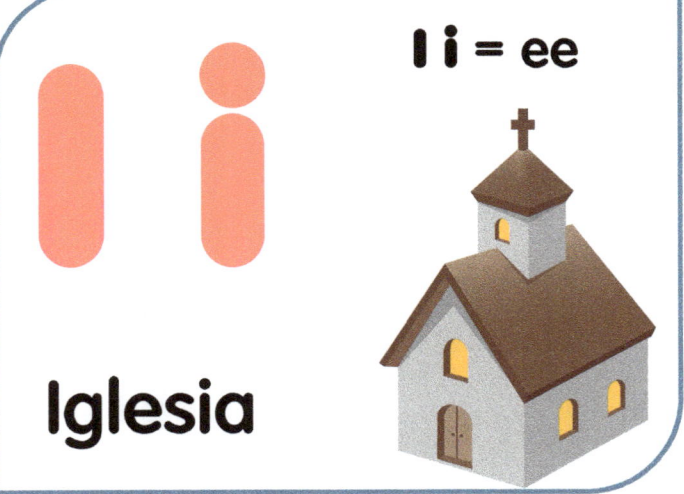

I i = ee

Iglesia

Colorea las letras I i

f	H	I	u
s	A	h	i
l	f	o	g
i	h	e	L

Color each picture whose name begins with i
Colorea el dibujo que empieza con la letra i

iguana — isla — libro — imán

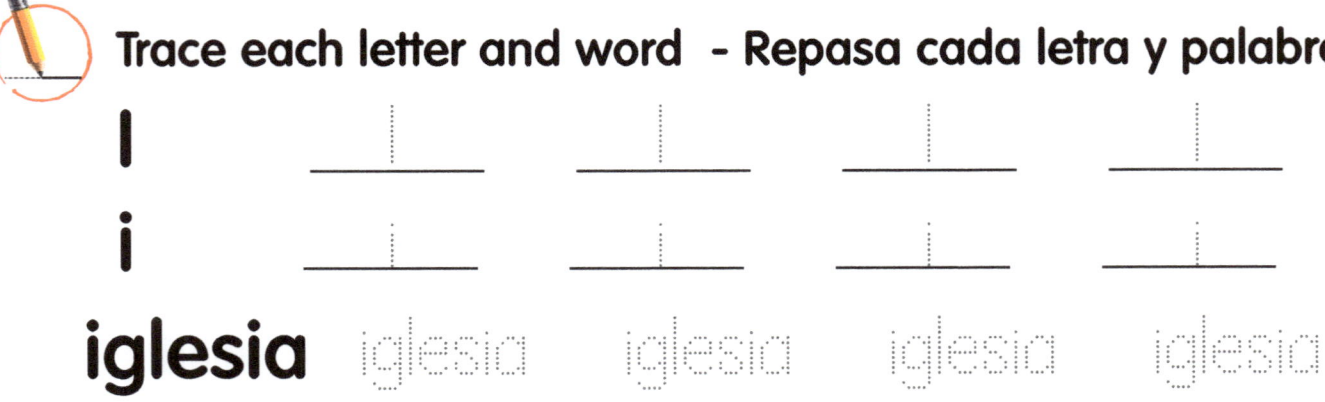

Trace each letter and word - Repasa cada letra y palabra

I

i

iglesia   iglesia   iglesia   iglesia   iglesia

 Let's learn the letter **J j** with
Aprendamos la letra **J j** con

J j = hoh-tah

Jirafa

Colorea las letras J j

g	J	l	a
s	A	j	s
J	m	o	g
j	z	e	U

Color each picture whose name begins with **j**
Colorea el dibujo que empieza con la letra **j**

foco   jaula   jarra   juguete

 Trace each letter and word - Repasa cada letra y palabra

J

j

jirafa

11

 Let's learn the letter **K k** with
Aprendamos la letra **K k** con

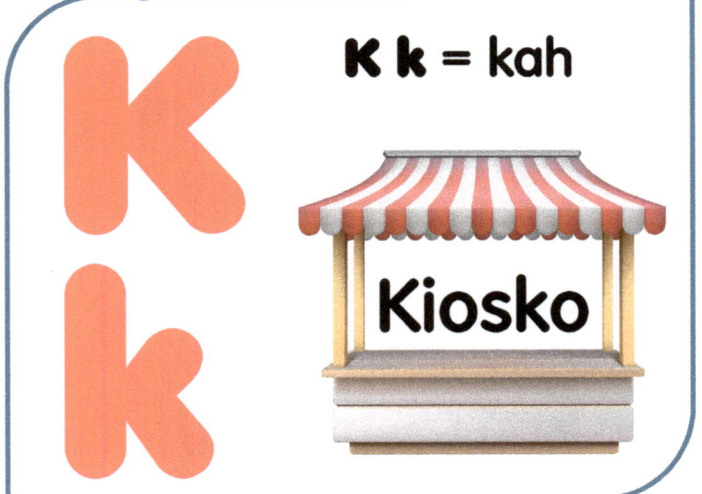

K k = kah

Kiosko

Colorea las letras **K k**

D	J	I	k
s	K	O	s
k	m	t	g
x	z	e	K

Color each picture whose name begins with **k**
Colorea el dibujo que empieza con la letra **k**

koala   mochila   karate   kiwi

 Trace each letter and word - Repasa cada letra y palabra

K K   K   K   K

k k   k   k   k

kiosko kiosko   kiosko   kiosko

 Let's learn the letter **L l** with
Aprendamos la letra **L l** con

L l = ay-lay

Colorea las letras **L l**

Color each picture whose name begins with **l**
Colorea el dibujo que empieza con la letra **l**

lápiz   lámpara   lupa   nota

 Trace each letter and word - Repasa cada letra y palabra

L   L   L   L   L

l   l   l   l   l

luna   luna   luna   luna   luna

Let's learn the letter **LL ll** with
Aprendamos la letra **LL ll** con

la llama Rosita

LL ll = ay-yay

llama

Colorea las letras LL ll

Color each picture whose name begins with **ll**
Colorea el dibujo que empieza con la letra **ll**

llanta — llave — dulce — lluvia

Trace each letter and word - Repasa cada letra y palabra

LL
ll
llama

 Let's learn the letter **M m** with
Aprendamos la letra **M m** con

Color each picture whose name begins with **m**
Colorea el dibujo que empieza con la letra **m**

| mariposa | mano | regla | mapa |

 Trace each letter and word - Repasa cada letra y palabra

M

m

muñeca

Let's learn the letter **N n** with
Aprendamos la letra **N n** con

la llama Rosita

N n = ay-nay

niño

Colorea las letras **N n**

Color each picture whose name begins with **n**
Colorea el dibujo que empieza con la letra **n**

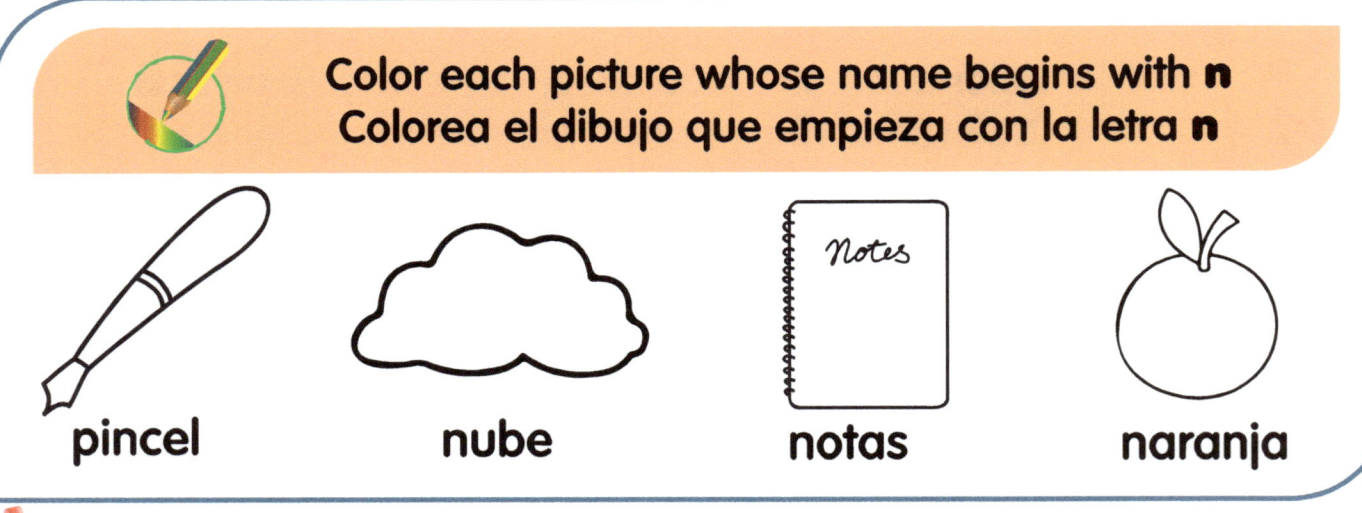

pincel   nube   notas   naranja

Trace each letter and word - Repasa cada letra y palabra

N   N   N   N   N

n   n   n   n   n

niño   niño   niño   niño   niño

 Let's learn the letter Ñ ñ with
Aprendamos la letra Ñ ñ con

Ñ ñ = ayn-yay

Piñata

Colorea las letras Ñ ñ

Color each picture whose name begins with ñ
Colorea el dibujo que empieza con la letra ñ

 ñandú    ñame    botella    leña

 Trace each letter and word - Repasa cada letra y palabra

Ñ   Ñ   Ñ   Ñ   Ñ

ñ   ñ   ñ   ñ   ñ

piñata   piñata   piñata   piñata   piñata

Let's learn the letter **O o** with
Aprendamos la letra **O o** con

O o = oh

Oveja

Colorea las letras O o

G	O	e	m
o	Ñ	f	H
i	O	ñ	n
d	f	E	o

Color each picture whose name begins with **o**
Colorea el dibujo que empieza con la letra **o**

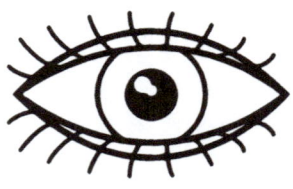
ojo

flecha

olla

oso

 Trace each letter and word - Repasa cada letra y palabra

O   O   O   O   O

o   o   o   o   o

oveja   oveja   oveja   oveja   oveja

18

 Let's learn the letter **P p** with
Aprendamos la letra **P p** con

P p = pay

Pelota

Colorea las letras P p

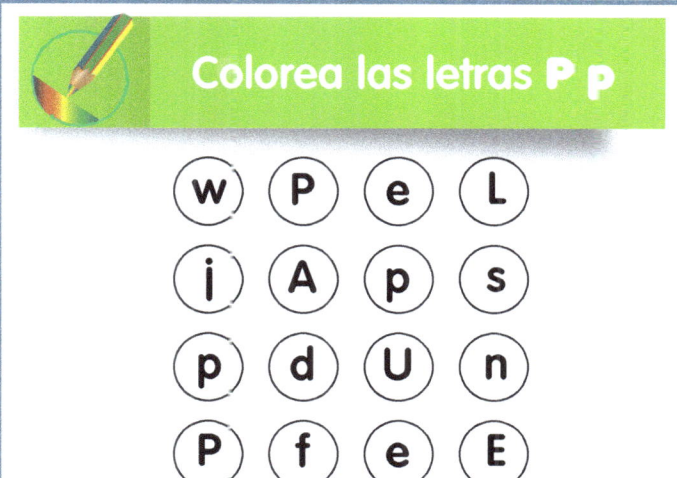

Color each picture whose name begins with **p**
Colorea el dibujo que empieza con la letra **p**

pez   pato   sobre   pera

 Trace each letter and word - Repasa cada letra y palabra

P   P   P   P   P

p   p   p   p   p

pelota   pelota   pelota   pelota   pelota

 Let's learn the letter **Q q** with
Aprendamos la letra **Q q** con

Q q = kew

Queso

Colorea las letras Q q

Color each picture whose name begins with q
Colorea el dibujo que empieza con la letra q

manzana   química   querubin   quince

 Trace each letter and word - Repasa cada letra y palabra

Q

q

queso

 Let's learn the letter **R r** with
Aprendamos la letra **R r** con

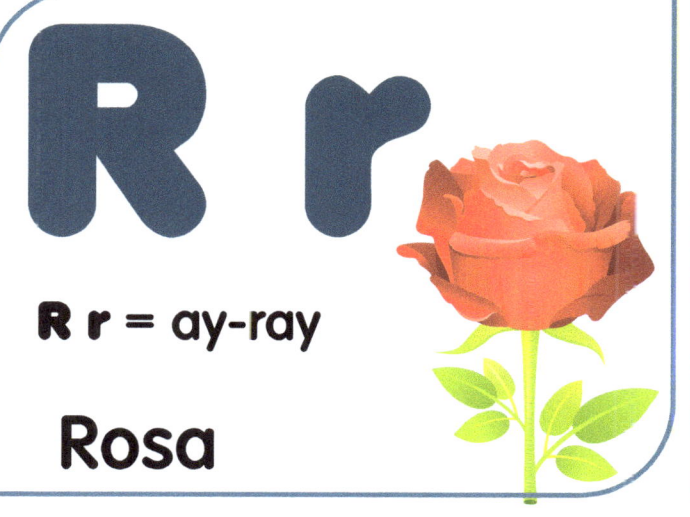

R r = ay-ray

Rosa

Colorea las letras **R r**

Color each picture whose name begins with **r**
Colorea el dibujo que empieza con la letra **r**

rinoceronte · remo · rama · pelota

 Trace each letter and word - Repasa cada letra y palabra

R R   R   R   R

r r   r   r   r

rosa rosa rosa rosa rosa

21

 Let's learn the letter **S s** with
Aprendamos la letra **S s** con
la llama Rosita

S s

S s = ays-ay

Sombrilla

Colorea las letras S s

s	D	e	m
j	A	f	J
F	d	S	n
S	f	e	P

Color each picture whose name begins with **s**
Colorea el dibujo que empieza con la letra **s**

silla   sopa   perro   sal

 Trace each letter and word - Repasa cada letra y palabra

S   S   S   S   S

s   s   s   s   s

sombrilla   sombrilla   sombrilla   sombrilla

22

Let's learn the letter **T t** with
Aprendamos la letra **T t** con

T t

T t = tay

Tren

Colorea las letras T t

Color each picture whose name begins with **t**
Colorea el dibujo que empieza con la letra **t**

taza

media

tomate

tambor

 Trace each letter and word - Repasa cada letra y palabra

T   T   T   T   T

t   t   t   t   t

tren   tren   tren   tren   tren

23

 Let's learn the letter **U u** with
Aprendamos la letra **U u** con

la llama Rosita

U u = ew

Útiles

Colorea las letras **U u**

u	G	y	m
i	U	f	s
U	d	o	ñ
O	f	u	F

Color each picture whose name begins with **u**
Colorea el dibujo que empieza con la letra **u**

uvas   flor   uña   unicornio

Trace each letter and word - Repasa cada letra y palabra

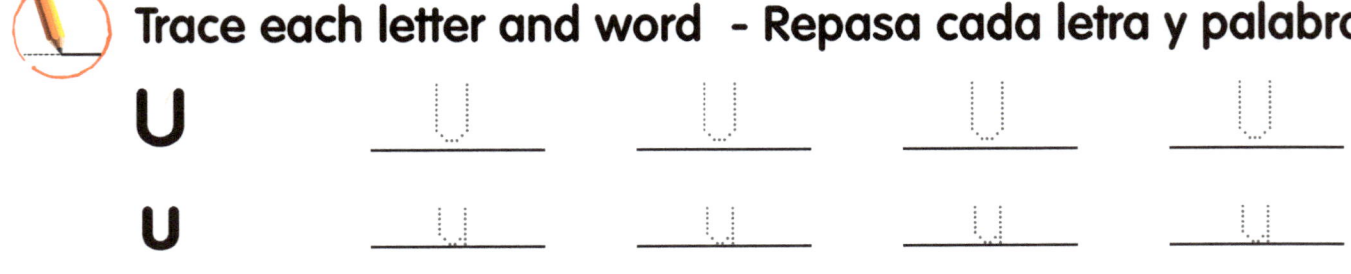

U   U   U   U   U

u   u   u   u   u

útiles   útiles   útiles   útiles   útiles

Let's learn the letter **V v** with
Aprendamos la letra **V v** con

la llama
Rosita

V v

v v = bay

Vaca

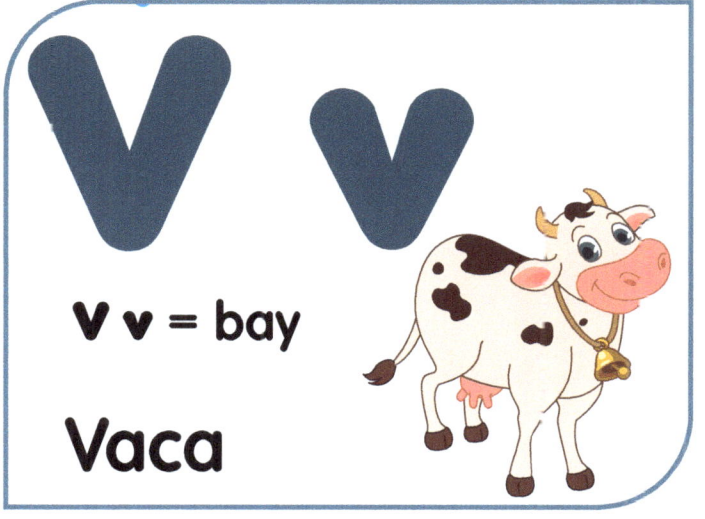

Colorea las letras V v

w	U	e	m
r	A	u	E
U	d	o	n
R	f	u	F

Color each picture whose name begins with **v**
Colorea el dibujo que empieza con la letra **v**

vela

violín

conejo

vaso

Trace each letter and word - Repasa cada letra y palabra

V   V   V   V   V

v   v   v   v   v

vaca   vaca   vaca   vaca   vaca

 Let's learn the letter **W w** with
Aprendamos la letra **W w** con

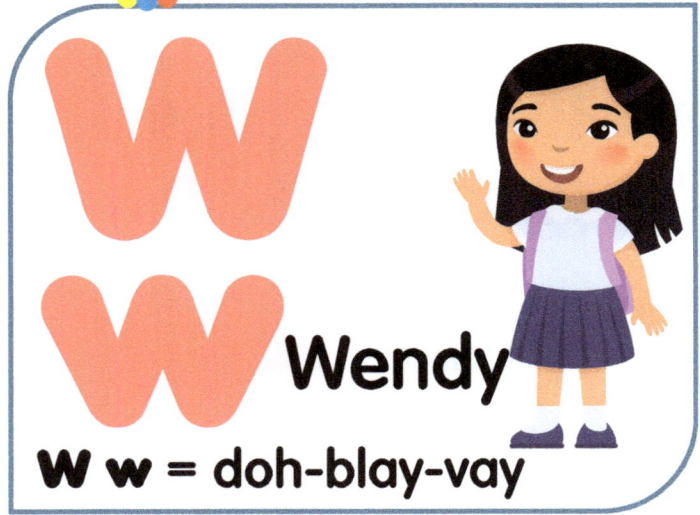

W w = doh-blay-vay

Wendy

Colorea las letras **W w**

W	G	e	z
j	A	f	w
W	d	b	n
P	w	e	c

 Color each picture whose name begins with **w**
Colorea el dibujo que empieza con la letra **w**

   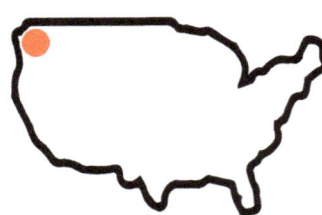

wafles   Wilson   chupo   Washington

 Trace each letter and word - Repasa cada letra y palabra

W   W   W   W   W

w   w   w   w   w

Wendy   Wendy   Wendy   Wendy

26

 Let's learn the letter **X x** with
Aprendamos la letra **X x** con

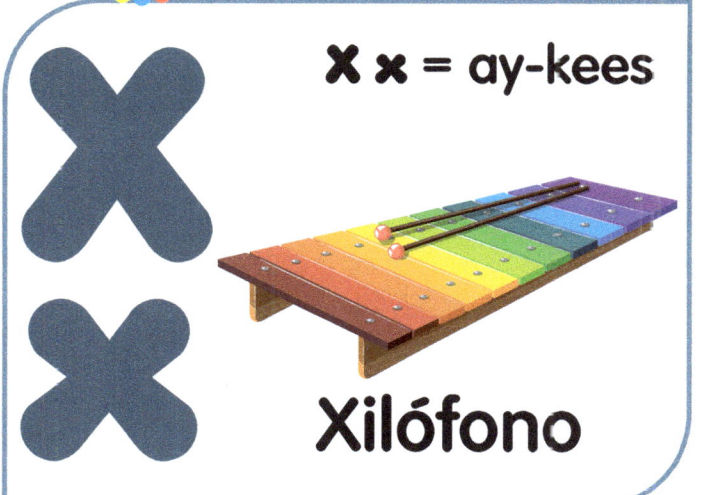

X x = ay-kees

Xilófono

Colorea las letras **V v**

s	G	V	m
z	v	f	s
F	V	o	n
L	f	v	h

Color each picture whose name begins with **x**
Colorea el dibujo que empieza con la letra **x**

taxi — elefante — saxofón — Ximena

 Trace each letter and word - Repasa cada letra y palabra

X   X   X   X   X

x   x   x   x   x

xilófono   xilófono   xilófono   xilófono

Let's learn the letter Y y with
Aprendamos la letra Y y con

la llama Rosita

Y y = ee-gree-ay-gah

Y y

yate

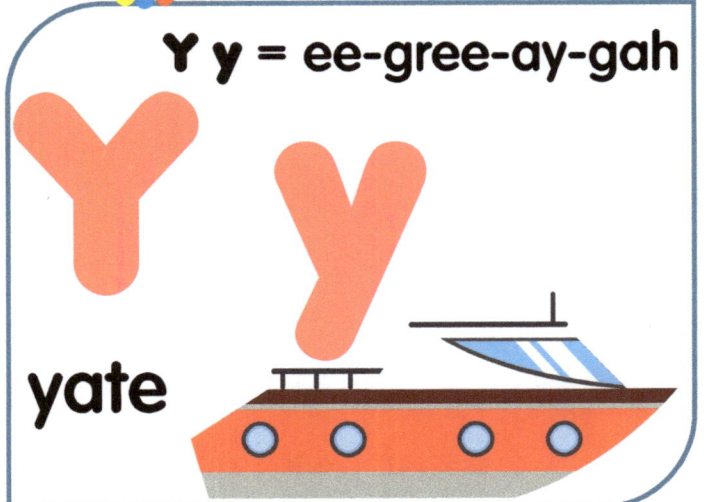

Colorea las letras Y y

ñ	G	g	y
e	Y	f	p
F	d	Y	n
r	f	y	O

Color each picture whose name begins with y
Colorea el dibujo que empieza con la letra y

yogurt   yegua   yema   mono

Trace each letter and word - Repasa cada letra y palabra

Y   Y   Y   Y   Y

y   y   y   y   y

yate   yate   yate   yate   yate

 Let's learn the letter **Z z** with
Aprendamos la letra **Z z** con

Z z
Z z = zay-tah

zanahoria

Colorea las letras **Z z**

L	G	U	Z
Y	Z	f	s
F	z	o	e
D	f	z	F

 Color each picture whose name begins with **z**
Colorea el dibujo que empieza con la letra **z**

 huella    zorro    zapato    zoológico

 Trace each letter and word - Repasa cada letra y palabra

Z   Z   Z   Z   Z

z   z   z   z   z

zanahoria   zanahoria   zanahoria

Repaso-Review
Repasemos LAS VOCALES con

 Une la palabra con el dibujo que corresponde
Connect the words with the pictures

a — araña

e — elefante

u — uvas

o — oso

i — iguana

Repaso-Review
Repasemos EL ALFABETO con

Draw lines to connect the dots from A to Z
Conecta los puntos de la letra A a la Z

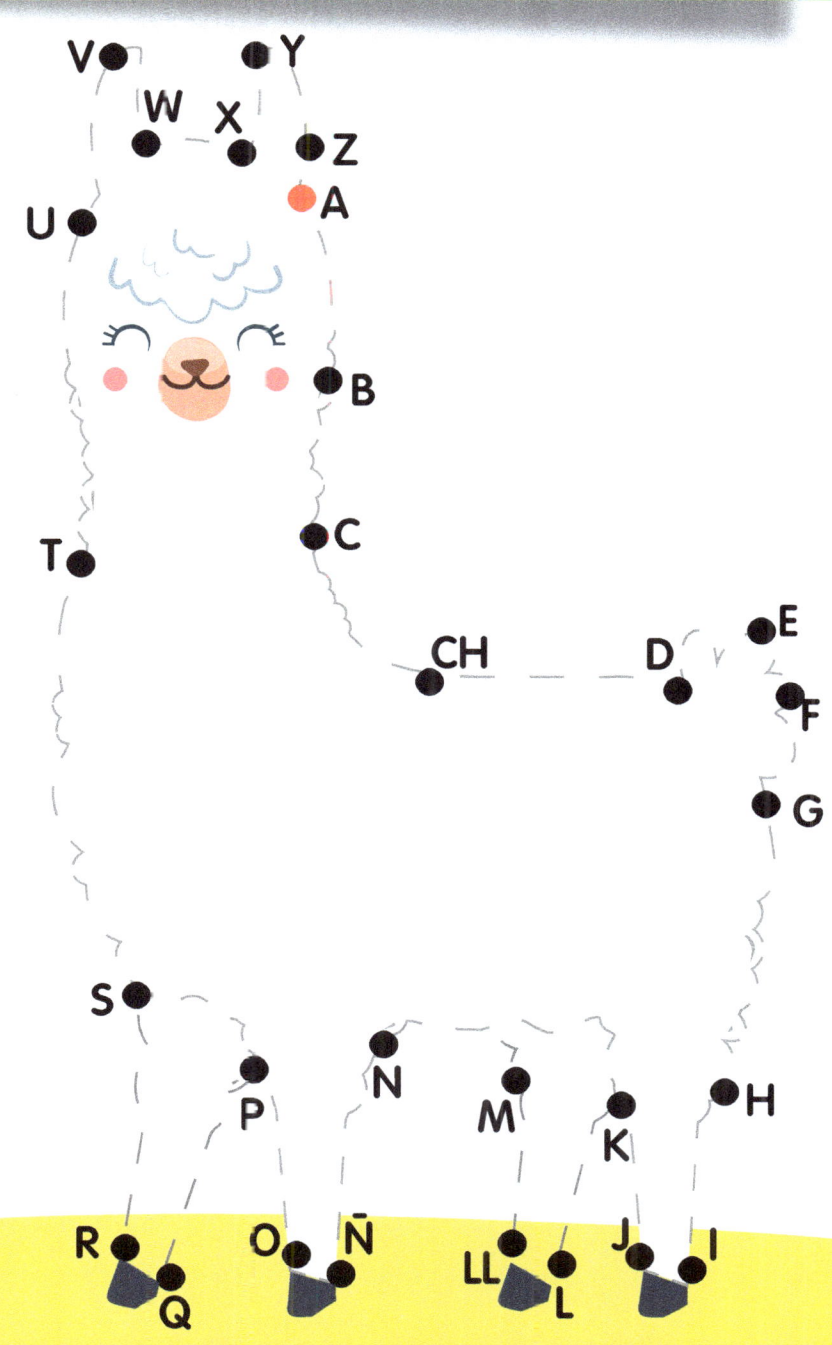

Repaso-Review
Repasemos EL ALFABETO con

 **Write the missing letter / Escibe la letra que falta**

A __ C CH D __
F G __ I J __ L
LL __ N Ñ __ P
Q __ S T __ V __
X Y __

Repaso-Review
EL ALFABETO

 la llama Rosita

A a Abeja 	B b Bote 	C c Casa 	CH Chile 	D d Dado 
E e Elefante 	F f Foca 	G g Gato 	H h Hada 	I i Iglesia 
J j Jirafa 	K k Kiosco 	L l Luna 	Ll ll Llama 	M m Muñeca 
N n Niño 	Ñ ñ Piñata 	O o Oveja 	P p Pelota 	Q q Queso 
R r Rosa 	S s Sombrilla 	T t Tren 	U u Útiles 	V v Vaca 
W w Wendy 	X x Xilófono 	Y y Yate 	Z z Zanahoria 	

Vocabulario

El alfabeto

Letra	Letra name Spanish	Pronunciation	Palabras	Las Vocales
A	a	ah	araña	a
B	b	bay	bote	e
*C	ce	sãy	casa	i
CH	che	chay	chile	o
D	de	day	dedo	u
E	e	ay	elefante	
F	efe	ãy-fay	foto	
*G	ge	hãy	gato	
H	hache	ãh-chay	hoja	
I	ee	ee	iguana	
J	jota h	hoh-tah	jabón	
K	ka	kah	karate	
L	ele	ay-lay	luna	
LL	elle	ay-yay	lluvia	
M	eme	ay-may	mamá	
N	ene	ay-nay	nido	
Ñ	eñe	ayn-yay	piñata	
O	oh	oh	oso	
P	pe	pay	puerta	
Q	cu	kew	queso	
R	ere a	ay-ray	rosa	
RR	erre	ayr-ray	perro	
S	ese	ays-ay	sol	
T	te	tay	taco	
U	u	ew	uva	
V	ve	bay	vaca	
W	doble v	doh-blay-vay	washington	
X	equis	ay-kees	taxi	
Y	I griega	ee-gree-ay-gah	yoyo	
Z	zeta	zay-tah	zapato	

www.ingramcontent.com/pod-product-compliance
Lightning Source LLC
LaVergne TN
LVHW072020060526
838200LV00062B/4912